AF336166

APPEL

AUX

AMIS DE L'HUMANITÉ

CONTRE UN ÉPOUVANTABLE ARRÊT.

> Sans justice tout languit, tout périt; le pauvre est spolié par le riche, le faible est écrasé par le fort, le droit est vaincu par la puissance, et l'innocence persécutée ne trouve plus de refuge.
>
> *Des colonies, avant et après la révolution de juillet 1830.*

Par **FABIEN**,

MANDATAIRE DES HOMMES DE COULEUR DE LA MARTINIQUE.

PARIS.

IMPRIMERIE DE DEZAUCHE,

FAUB. MONTMARTRE, N. 11.

AOUT 1834.

APPEL

AUX

AMIS DE L'HUMANITÉ

CONTRE UN ÉPOUVANTABLE ARRÊT.

Par suite de l'odieuse oppression que font peser sur les mulâtres de la Grand'Anse les blancs de cette commune, oppression organisée par ces mêmes colons de la Martinique qui menaçaient de se révolter contre le gouvernement en 1823, plusieurs rixes avaient eu lieu entre les individus de ces deux castes. Les mulâtres avaient raison évidemment; *mais la justice coloniale, qui ne permet point de mettre le blanc à côté du noir dans le rang des châtimens* (1), couvrit de sa puissante protection les privilégiés, et s'empressa de sévir contre les pauvres opprimés.

Au milieu de ces collisions, la condamnation à mort prononcée contre un mulâtre, *véhémentement soupçonné* d'avoir participé au meurtre du cheval d'un blanc, vint irriter toutes les mauvaises passions. Les colons, alarmés de l'indignation qu'avait produite cette condamnation parmi les hommes de couleur, feignirent de croire à un soulèvement; ils prirent les armes, formèrent un camp, sous les ordres du commissaire commandant Desabaye, et pour signal de ralliement ils arborèrent le pavillon blanc,

---

(1) Cette citation est extraite littéralement d'une brochure publiée à Paris par M. de Bovis, magistrat et créole de la Guadeloupe, et intitulée : *Essais sur l'esprit des lois coloniales* (pag. 34).

ainsi que l'ont déclaré plusieurs témoins , et que l'attestent douze des accusés (1).

Les hommes de couleur, qui durent se croire menacés par cette attitude militaire, formèrent aussi un camp de leur côté, et opposèrent au pavillon ennemi les couleurs nationales.

Les deux partis s'observaient avec une égale inquiétude, lorsque l'autorité coloniale est intervenue avec la partialité systématique qu'on lui connaît. Au lieu de dissoudre les deux camps et de renvoyer les parties dos à dos (c'était un procès que les uns et les autres voulaient terminer à coups de fusil), elle se joignit aux colons, et fit main-basse sur les pauvres mulâtres, qui dès ce moment furent traités comme des rebelles ; cependant, réunis pour repousser une injuste agression , ils avaient déposé les armes en vertu d'une promesse d'amnistie.

---

(1) Ce fait, signalé par les hommes de couleur de la Grand'Anse et par les nombreuses lettres qui nous sont écrites de la Martinique, est corroboré par l'attestation suivante :

« Nous soussignés, détenus dans la prison civile du Fort-Royal en vertu
« d'un arrêt de la cour d'assises de Saint-Pierre, en date du 3o juin 1834 ,
« déclarons par ces présentes qu'il a été de notoriété publique qu'un *dra-*
« *peau blanc* avait flotté dans le camp Bonnafou pendant les journées de
« décembre 1833. Cette déclaration n'a pas été faite à la justice par nous ,
« parce que M. le conseiller instructeur a REFUSÉ de consigner cette partie
« de notre déclaration, et en outre, nos défenseurs ont EXIGÉ que nous gar
« dions le silence sur ce fait, ajoutant que la défense déserterait la cause si
« mention était faite du *drapeau blanc.* Nous persistons donc à affirmer
« que cet *insigne de la réaction blanche* manifestée dans la commune de
« la Grand'Anse, a été *vu par nous* au camp Bonnafon.

« Fort-Royal, le 7 juillet 1834.

« *Jean-Baptiste Agricole, William Richard, Jean-Bart*
« *Martine, Barthelemy fils, Raphaël Gaillot, Daniel*
« *Rosalie, Saturnin Chatenay, Lucien Sainte-Marthe,*
« *François Théodose, Joseph - Alexandre, François*
« *Casimir, Anicète-Michel ».*

C'est au sujet de cette prise d'armes, qualifiée par la cour royale de la Martinique : *Insurrection de la Grand'Anse*, qu'un arrêt de la cour d'assises de cette île a prononcé, à la date du 3o juin 1834, quatre-vingt-treize condamnations, dont quarante à la peine capitale, contre les mulâtres de cette colonie.

C'est ainsi que l'oligarchie de ces malheureuses contrées réalise cette maxime funeste d'un de ses magistrats colons, qui disait que pour maintenir sa prédominance, *la classe blanche devait, tous les dix ans, faire une pendaison de mulâtres.*

En effet, depuis 1790 cette pratique de la religion créole a été scrupuleusement observée à chaque renouvellement de la période indiquée. Heureux encore pour la classe opprimée, quand une pendaison quinquennale et des déportations annuelles ne venaient la décimer. Toutefois, la dépopulation ne marchant pas assez vite au gré de certains colons, ils sollicitèrent auprès du gouverneur et obtinrent facilement de lui la formation d'une cour prévôtale ambulante pour juger sans appel, et dans les vingt-quatre heures, ceux qu'ils auraient désignés comme des empoisonneurs ou des sorciers. A peine institué, ce tribunal de sang (1) comptait les mois, les semaines, par les nombreuses victimes qu'il envoyait au bourreau ; mais celui-ci, las un jour de couper tant de têtes, refusa avec obstination d'exécuter.

---

(1) Voici un échantillon de ses arrêts : —

(Extrait *des registres de la cour prévôtale de l'île Martinique*).

PAR ARRÊT DU 3o OCTOBRE 1826.

1° Nicolas-Fidèle Cantinole, homme de couleur libre, du Saint-Esprit ;
2° Prévilliers, homme de couleur libre, du Trou-au-Chat ;
Convaincus d'avoir fait partie du complot ourdi contre les sieurs Grabou et Hayot, et accusés *d'avoir empoisonné des hommes et des bestiaux*, ont

En 1831, vingt-six esclaves furent pendus le même jour, par arrêt de la cour d'assises de Saint-Pierre.

A quelques mois de là, en commémoration de ce cruel événement, des créoles blancs se rendirent, du corps-de-garde où ils étaient de service, à la place des exécutions; ils s'y livrèrent à des libations, et de la potence sous laquelle ils savouraient les inspirations d'un aveugle fanatisme, ils purent contempler les restes des suppliciés, dont le temps n'avait pas encore consommé entièrement les chairs (1).

Aujourd'hui que le sang des mulâtres est demandé au nom de la loi, femmes des blancs de la Martinique, parez-vous de vos habits de fête; bardes créoles, entonnez le chant de la victoire, et vous, bourreaux inhumains, dressez vos gibets, approvisionnez-vous de cordes, élargissez vos

---

été condamnés à être conduits, par l'exécuteur des hautes-œuvres, au pied de l'échafaud, pour être fouettés et marqués, et envoyés aux travaux forcés au Sénégal, ou à tel endroit que le gouvernement jugera convenable de les envoyer, à l'exception du territoire continental européen et des Antilles.

« Pour extrait conforme :

« Le greffier en chef de la cour royale, dépositaire des registres de la cour prévôtale,

« *Signé* LAMOTTE. »

M. le duc Decaze, pair de France, avait obtenu la grâce de plusieurs de ces infortunés, qui avaient été envoyés dans les bagnes de France, convaincu, m'a-t-il dit, qu'ils avaient été injustement condamnés. Lorsqu'on apprit à la Martinique que M. Decaze s'intéressait à leur sort, la cour prévôtale ne voulut plus envoyer ses condamnés en France; et c'est pour ce motif qu'elle insérait dans ses arrêts que le Sénégal serait le bagne où ces victimes devaient finir leurs jours.

Cette cour prévôtale, instituée en 1822 par ordonnance du général Donzelot, fut dissoute en 1827 par ordre du ministère de la marine.

(1) Les suppliciés avaient été enterrés près du rivage de la mer. Les vagues ayant emporté le sable qui couvrait ces vingt-six cadavres, les laissèrent à découvert; et comme les potences pour l'exécution avaient été élevées sur le bord de la mer, les acteurs de cette scène nocturne ont pu effectivement contempler les chairs de ces malheureuses victimes.

potences, l'aréopage colonial vous envoie de nombreuses victimes!

Jamais curée plus complète ne fut offerte en holocauste à la haine aveugle que vous avez jurée à mes malheureux frères ; le jour qu'il vous sera permis d'exécuter, vous illuminerez vos maisons, vous sillonnerez l'air de vos feux de joie, ce sera la pendaison décennale.

Et vous, avocats de ces contrées, qui, à quelques exceptions près, n'avez pas rempli la noble mission que l'honneur vous imposait en défendant ces infortunés ; vous qui avez cédé à la crainte ou à des suggestions locales, joignez-vous à moi, s'il en est temps encore, pour réparer l'oubli de vos devoirs ; croyez-moi, ne perdez pas un instant, car déjà la postérité vous juge.

Colons haineux, le temps de mansuétude n'est plus où il vous suffisait de flétrir vos victimes et de les envoyer aux galères perpétuelles : aujourd'hui c'est du sang qu'il vous faut, ce sont quarante têtes de mes compatriotes que vous jetez aux législateurs de la France, en échange des lois qu'ils ont faites pour les colonies, sans votre participation.

Quelle gloire pour vous de témoigner à la face de l'univers, par des arrêts authentiques, que les nègres et les mulâtres conspirent votre ruine! Quel triomphe pour vous d'anéantir les victimes de vos perfides suggestions!

O blancs de la Martinique, serez-vous donc toujours inexorables! Rejetterez-vous le symbole de conservation et de paix que la métropole avait arboré dans ses possessions d'outre-mer, et faudra-t-il, pour maintenir la perpétuité des préjugés odieux de quelques centaines de familles, mettre en coupe réglée pour la potence une population de cent mille nègres et mulâtres?

Ce qui se passe chez nos voisins, je veux parler de l'émancipation des colonies anglaises, ne vous éclaire-t-il pas sur la nécessité de renoncer à vos doctrines d'une machiavélique perversité?

N'excitez donc plus à la haine, disposez à l'oubli les malheureux que vous avez inhumainement torturés, ou craignez que la malédiction proférée contre vous par les suppliciés de 1831, quand ils vous trouvèrent pressés autonr d'eux à leur heure suprême, ne soit un avant-coureur de la justice divine!

Ne croyez pas toutefois que mon cœur, brisé à la vue des traitemens ignominieux subis par les maris, des souffrances des mères et de l'abandon des enfans réduits à la misère, ne cède pas à une énergique indignation; ne croyez pas, insulaires si jaloux des priviléges que vous décernez à la nuance de votre épiderme, que je reste muet en présence des dangers qui menacent mes frères..... non, ne le croyez pas!

Pour eux, je frapperai à toutes les portes; pour eux, je jetterai à la France le cri de détresse, je découvrirai la plaie que vos juges ont empreinte sur ma personne.

Innocent, exécuté au mépris des lois et malgré mon pourvoi en cassation, je rappellerai mon supplice, celui de mes honorables compagnons de martyre....; je n'omettrai rien des moyens puissans que vous avez employés auprès des ministres et des hommes du pouvoir pour étouffer naguère nos justes plaintes et rendre stériles les démarches de nos généreux amis.

« *La voix des victimes a percé les murs des cachots; elle percerait la nuit de la tombe* », s'est écrié l'immortel Benjamin Constant en nous défendant à la chambre des députés, en 1824. Eh bien! de nouveaux défenseurs dévoileront à la tribune nationale les odieuses condamnations que vous avez prononcées; et s'il en était besoin, un second Isambert surgirait pour dénoncer aux tribunaux vos révoltantes iniquités (1)!

____

(1) Bien que les colons confondent M. Isambert dans la haine qu'ils portent aux hommes de couleur, cet habile jurisconsulte est trop généreux pour leur rendre le réciproque ; il veut le règne de la justice, et non pas, comme on le dit, la ruine des colonies. Ceux qui doutent encore des nobles sentimens qui caractérisent le défenseur de tous les opprimés, pourront les apprécier en lisant la lettre suivante qu'il a adressée à mes commettans :

Paris, le 15 juillet 1834.

« A Messieurs les hommes de couleur de la Martinique.

Messieurs,

« Si j'ai tant tardé à répondre à votre adresse, ce n'est pas que je ne sen-
« tisse tout ce qu'elle avait d'honorable et d'encourageant pour moi ; mais je
« voulais pouvoir vous donner l'assurance que, par ma réélection à la chambre
« des députés, je serais appelé à continuer de remplir la mission que j'ai
« volontairement acceptée, et qui sera celle de ma vie, la défense d'une
« classe opprimée.

« La dernière loi coloniale, en vous conférant des droits politiques, vous a
« refusé par le fait ce qui donne de la réalité, c'est-à-dire l'avis au conseil
« législatif qu'elle a institué. Je ne me suis pas trompé dans le jugement que
« j'en avais porté ; et dans la dernière session, j'ai pris acte à la chambre de
« ce triste résultat. Il ne tiendra pas à moi que vos droits électoraux et d'éli-
« gibilité soient assez étendus pour que vos intérêts puissent être défendus
« par vous-mêmes dans la législature de la métropole.

« Depuis la lettre que vous m'avez fait l'honneur de m'écrire, un déplo-
« rable événement a donné lieu à vos adversaires de calomnier votre classe
« tout entière, de faire désarmer la milice et de faire peser sur cent dix-sept
« de vos compatriotes une accusation capitale, au mépris d'une amnistie
« solennellement proclamée par un chef qui, quoi qu'on en dise, avait tous
« les pouvoirs nécessaires.

« La conduite de votre compatriote qui accompagnait ce chef à la tête
« d'un détachement de vos milices, a été digne d'éloges. Elle prouve la fausseté
« du complot. La démarche qu'il vient de faire auprès du ministre de la ma-
« rine assure au moins la vie de tous ceux auxquels l'amnistie a été pro-
« mise.

« Nous aurons, je l'espère, des occasions de faire connaître la vérité, et
« d'empêcher qu'elle ne soit étouffée à dessein de vous ravir la bienveil-
« lance et l'appui du gouvernement et des chambres.

« Restez unis, défendez vos droits avec fermeté, et dénoncez à la métropole

Je désignerai les auxiliaires que vous employez pour réussir dans vos desseins occultes, et neutraliser la puissance de la vérité..... Pour peindre votre tactique insidieuse, votre politique spéculatrice, il me suffira de citer l'élection des délégués, MM. Charles Dupin et Mauguin, étrangers aux colonies, et que vous n'avez choisis pour défenseurs de vos intérêts qu'en raison du crédit que vous leur avez reconnu parmi les notabilités du gouvernement ou de la presse.

En possession déjà d'être administrés par des marins dont les rapports de famille, les alliances ou les liens de camaraderie déterminent une prédilection pour votre classe, n'avez-vous pas joui toujours de la faculté d'obtenir la révocation des hommes enclins à être justes envers les nôtres ?

N'avez-vous point aussi provoqué le renvoi en France de MM. Boitel, archiviste du gouvernement, et Hermé Du Quesne, juge d'instruction à la Martinique ? Qu'avaient-ils fait pour être persécutés par vous ? Ils avaient commis le crime irrémissible d'avoir dîné chez eux avec de bons citoyens, de respectables pères de famille; mais ces convives étaient hommes de couleur !

Glorifiez-vous donc en ce moment qu'un procureur-gé-

« tous les griefs qui vous seraient faits, sans jamais céder à aucun mouvement « d'irritation, quelque criantes que soient les injustices.

« Si vous n'avez pas aujourd'hui dans les chambres autant et de si éloquens « défenseurs qu'autrefois ; si même quelques-uns, en passant sur les bancs « ministériels, sont devenus presque vos adversaires, il en restera assez pour « faire trembler vos oppresseurs et pour obtenir contre eux la responsabilité « de leurs actes.

« Je suis avec le dévoûment que vous me connaissez, messieurs, « votre très-humble et très-obéissant serviteur.

« *Signé* ISAMBERT, « (*Député de la Vendée.*) »

néral, entièrement identifié à vos principes, soit renforcé dans les prérogatives de son autorité par un double titre : sa position de haut fonctionnaire, et sa qualité de neveu du vice-amiral Halgan, gouverneur de la colonie.

Mais renoncez à la prétention de vous faire passer pour des martyrs sauvés encore une fois des périls de la prétendue conspiration de 1833.

Ce qui prouve l'absence de tout complot, c'est le calme qui a régné dans les différentes parties de la colonie pendant la durée de la prise d'armes de la Grand'Anse.

Les mulâtres ont conspiré, dites-vous, contre la vie des blancs. Et comment se fait-il qu'il n'y a pas un seul blanc de tué ni de blessé, quand au contraire on a à reprocher à ceux-ci le massacre de la famille Maurice, à Sainte-Marie, le meurtre du jeune et intéressant Lorville, et les feux de peloton qui ont tué ou blessé huit des prisonniers confiés à l'honneur du capitaine Christen de Montigny, et ce, en présence de M. le procureur-général Arsène Nogues (1).

---

(1) RÉCIT *de M. Joseph Albert, habitant de la Basse-Pointe, déporté de la Martinique par ordre du général Donzelot, en* 1823.

« Deux gendarmes, commandés par le brigadier Desmanges, me présentèrent un mandat d'arrêt; ils m'arrêtèrent chez moi le 27 décembre, et me conduisirent au camp Bonnafon. Là, je fus enfermé dans la case à farine pendant quatre jours avec d'autres prisonniers. Le procureur-général (M. Arsène Nogues) me fit amener vers lui, me dit qu'une servante à M. Bénotie, officier civil, m'accusait d'avoir tenu des propos. Je répondis qu'elle en imposait. Cela n'empêcha pas qu'il me fît reconduire dans la prison. Le jour que M. Montigny commanda de faire feu sur nous, je fus blessé d'une balle à la jambe gauche. Trois jours après, on nous conduisit à Saint-Pierre; blessé que j'étais, on m'attacha sur le dos d'un mulet, ce qui m'occasiona de nouvelles blessures. Mes souffrances furent telles que je suppliais de me fusiller. Arrivé à Saint-Pierre, on me descendit du mulet. Un blanc, qui se trouvait là, tira si fort la corde qui me liait les jambes que je perdis connaissance. J'ai été pendant trois mois et neuf jours en prison, traité d'un manière abomi-

Ce fonctionnaire n'a pas constaté ce fait ni les deux pré-
cédens, et pourtant il a consacré cent soixante-seize pages
d'impression à enfanter un complot imaginaire, et à cons-
tater, avec les soins les plus méticuleux, la soustraction
de quatre perdrix, d'une pintade et de deux pigeons *libres*
au préjudice du sieur Desmadrelles.

Dans son style déclamatoire, il s'élève jusqu'à dire que
« l'insurrection de la Grand'Anse a révélé que dans la
« France d'outre-mer, comme dans la France continentale,
« les prolétaires s'imaginent avoir tout à gagner dans un
« bouleversement de l'ordre social ; qu'ils ne conçoivent la
« liberté que dans la licence et le désordre, d'égalité que
« dans le pillage des biens et le dépouillement des riches,
« et qu'au lieu d'acquérir, par un travail assidu, la fortune,
« objet de leur convoitise, ils croient, ces prolétaires, qu'il

---

nable, nourri avec de la morue salée et du pain. Le 24 mars, un blanc, que
je ne connais pas, est venu me dire de sortir de la geôle ; je lui ai répondu
que je voulais être jugé ; il insista ; alors je sortis de la prison, mais infirme.
On avait tellement serré les menottes en me les mettant, que les os de mes
bras ont été attaqués. La méchanceté des blancs m'a privé de l'usage de mes
membres. Sans fortune, ruiné précédemment par la déportation de 1823,
me voici aujourd'hui infirme pour le reste de mes jours.

« Pendant qu'on me traitait ainsi, le commandant délivrait à ma femme le
certificat ci-joint, et qui s'arrête à la date du 26 décembre, calcul pour ne
pas entraver la marche politique de l'affaire de la Grand'Anse.

« Au Fort-Royal, le 19 avril 1834.

« *Signé* Joseph ALBERT. »

« Nous soussigné, commissaire commandant la commune de la Basse-Pointe,
certifions que, jusqu'au 26 décembre dernier, il ne m'était rien parvenu de
défavorable au sieur Joseph Albert. En foi de quoi nous avons délivré le
présent.

« Basse-Pointe, le 9 janvier 1834.

« *Signé* C. GÉRARD,

« Fouinat, Marchesi, ch. et miss. ap.

« est plus facile de s'en emparer par le pillage et par l'as-
« sassinat de ceux qui possèdent. »

Si je n'ai pas mission de défendre les prolétaires métro-
politains que vous attaquez, et que cette tâche soit dévolue
à de plus dignes, j'ai du moins le droit de vous répondre
que cette classe a prouvé en maintes occasions, et notamment en juillet 1830, qu'elle n'était pas étrangère aux sentimens de désintéressement et d'humanité que je cherche
en vain en celui qui la calomnie. On veut par ces malveillantes
insinuations faire croire au pouvoir qu'il existe de la connexité entre la prise d'armes de la Grand'Anse et les déchi-
remens politiques de Lyon et de Paris. Ceux qui n'ont pas
une idée des colonies pourraient peut-être le penser; mais
comme cette connexité n'existe pas, il est important de
signaler la mauvaise foi de l'accusation.

En France, les troubles qui ont suivi la révolution sont
le résultat du conflit des opinions, c'est l'émeute des con-
victions; mais aux colonies, et notamment à la Martinique, c'est le stupide préjugé de la peau qui lutte contre
la raison, c'est la vaniteuse domination qui repousse l'équité,
c'est enfin le privilége qui veut anéantir le droit.

Dans ces collisions, c'est uniquement la couleur qui divise
les partis, et non l'état, la fortune des individus. Dans le
camp des colons blancs, on peut y voir depuis le forçat
échappé des bagnes jusqu'au gros bonnet de la canne à
sucre; l'orgueil et quelquefois la probité, en contact avec le
crime, fraternisent avec lui; la peau blanche fait tout excu-
ser; riches ou pauvres se liguent contre ce qu'ils ap-
pellent l'ennemi commun. Dans le parti opposé on voit
aussi le noir déguenillé à côté du propriétaire mulâtre, et
l'humble savetier donner la main à l'honnête et riche négo-
ciant basané. Les uns et les autres étant en butte aux mêmes
préventions, éprouvent le besoin d'être unis pour combattre
les persécutions dont ils sont victimes.

L'auteur de l'accusation a donc avancé un fait évidemment contraire à la vérité.

Les malheurs si déplorables de la Grand'Anse doivent être reprochés à l'incurie de l'administration locale, et notamment au gouverneur contre-amiral Dupotet, car averti qu'il était des intentions hostiles envers les hommes de couleur, il devait aviser aux moyens de rétablir la tranquillité troublée depuis long-temps par les vexations et les injustices des privilégiés.

Mais tout semble avoir conspiré la perte de ces malheureuses victimes, puisqu'aujourd'hui on a l'impudeur de leur décerner l'épithète d'assassins, de brigands et d'incendiaires.

Ah! vous le savez, messieurs les colons, la classe de couleur, que vous accusez sans cesse, n'est pas conspiratrice; si elle l'était, vous n'existeriez pas à l'heure qu'il est pour la persécuter et la décimer. Elle a voulu les droits que lui promettaient les anciennes lois de 1685, et que lui garantissent les lois, plus récentes, de 1833. Reconnaissante envers la métropole, envers cette France qui est aussi sa patrie, elle ne fera rien pour troubler la paix qu'elle est intéressée à maintenir; et lorsque vous viendrez dire que mes commettans ont conspiré, vous me donnez le droit de vous répondre que vous êtes d'infâmes calomniateurs!

Oui, je le répète avec conviction, la classe de couleur n'a point conspiré, elle ne conspirera pas. Sa cause est trop belle pour tenter de la compromettre; elle a confiance en son bon droit et dans un avenir qui s'embellit tous les jours; s'appuyant d'ailleurs sur le gouvernement, qui doit la protéger contre vos fureurs, elle a tout à gagner en maintenant l'ordre et la tranquillité. Vous seuls devez conspirer, vous seuls avez conspiré pour rétablir un passé que vous regrettez, et qui naguère mettait à votre discrétion, la fortune, la vie et l'honneur des mulâtres!

Disposée à oublier vos odieuses persécutions et à vous les pardonner, la classe de couleur allait au-devant d'une fusion qui, en portant la sécurité dans vos esprits inquiets, eût fait le bonheur de tous ; mais, pères ingrats et dénaturés, vous avez repoussé vos enfans, et, ce qui est plus odieux, vous les avez accusés d'attenter à vos jours.

Si les préjugés ont étouffé dans vos cœurs tous les sentimens généreux, s'ils ont éteint toutes les affections de la paternité, devaient-ils détruire en même temps ce principe éternel de justice, qui est une émanation de la Divinité même. Ah ! répudiez vos enfans, si telle est votre ignoble volonté, mais du moins ne les transformez plus en coupables, pour les livrer à la hache homicide de vos bourreaux !

Saturne dévorait ses enfans, mais ne les envoyait pas à l'échafaud ! Le sévère Brutus, en condamnant les siens, transgressait les lois de la nature pour obéir à celles de son pays ; mais vous, que n'excusent ni les fictions de la fable, ni l'excessive rigidité du consul romain ; vous, violateurs des lois de Dieu, de la nature et de votre pays, à qui peut-on vous comparer ?....

O blancs de la Martinique ! si vous êtes animés comme je le suis de l'amour du pays qui nous a vus naître, si vous ne voulez encourir l'exécration d'une postérité impartiale, réunissez-vous à moi pour sauver les malheureux dont l'arrêt du 30 juin renferme la longue nomenclature ! S'ils se sont armés, reconnaissez qu'ils n'ont fait que suivre l'exemple qui leur avait été donné par vous, qu'ils ont été dupes de vos suggestions, et qu'en présence de l'autorité régulière ils firent preuve de soumission et déclarèrent qu'ils avaient voulu repousser la force par la force quand ils étaient menacés dans leur existence ; mais qu'ils n'hésitèrent point à déposer les armes quand, au nom du gouver-

neur, on leur ordonnait de les mettre bas, en leur promet-
tant amnistie complète pour cette levée de boucliers.

Cette promesse qui dut être sacrée, et qui fut indigne-
ment violée, ils la reçurent du lieutenant Télèphe (1), ils

---

(1) Cet officier, qui a si puissamment contribué à rétablir l'ordre et la paix
dans la commune de la Grand'Anse, et qui fut porteur des promesses d'amnistie aux bandes armées, a adressé une lettre à M. le ministre de la marine et
des colonies, pour lui faire savoir que, ayant été témoin oculaire des faits,
il était de son devoir de les rétablir dans leur vrai caractère.

Il affirme que, ayant été appelé le 26 décembre 1833 par le colonel Rosto-
land, commandant en second de la colonie, pour commander trente miliciens
de couleur, qui devaient être dirigés sur la Grand'Anse, ce colonel lui dit
que sa mission, pénible et délicate, était toute pacifique, et que, sous les ordres
du capitaine de Montigny, il allait rappeler à leur devoir des hommes égarés.

La milice de couleur de Saint-Pierre, par l'organe de MM. Delmont et
Ruffy, s'offrit de marcher en masse pour rétablir l'ordre ; mais, soit par
l'effet de préventions personnelles, soit à cause des ordres reçus de son su-
périeur, le colonel répondit qu'il ne voulait avoir que trente hommes.

Parti de Saint-Pierre avec vingt hommes de couleur, le détachement du
lieutenant Télèphe fut augmenté de dix autres miliciens de couleur, appar-
tenant à la commune de la Grand'Anse, sur laquelle ils étaient dirigés. Le
capitaine commandant proclama à haute voix, en parcourant les habitations
de la Grand'Anse, qu'une *amnistie pleine et entière* serait faite aux hommes
qui déposeraient les armes dans le courant de la journée du 27. Autorisé par
lui à faire connaître cette amnistie, le lieutenant s'empressa d'en faire part
aux hommes de couleur, qui, à l'imitation des colons blancs, avaient formé
un camp.

Lorsque les hommes de couleur eurent connaissance de l'amnistie, ils
mirent, en signe de paix, des branches d'arbres au bout de leurs fusils, et se
rendirent aux sommations du capitaine de Montigny, qui les fit conduire au
camp Bonnafon. Là, les colons demandèrent que les amnistiés fussent jugés
sur les lieux par un conseil de guerre ; mais le lieutenant Télèphe rappela
au capitaine Montigny les promesses qu'il lui avait faites. Il demanda aussi
à M. le gouverneur, arrivé sur les lieux, l'exécution de l'amnistie promise
en son nom. Celui-ci répondit que le capitaine Montigny avait outrepassé
ses pouvoirs. Cependant il est dit, page 48 de l'acte d'accusation, que le capitaine était chargé de *rétablir la tranquillité dans le quartier par tous les
moyens qu'il jugerait convenables.*

Dans cette journée (27 décembre), les prisonniers, au nombre de plus la reçurent du capitaine Montigny, qui, au dire de l'arrêt du 31 mars 1834 (pag. 48), avait mission, *d'après les ordres du gouverneur, de rétablir la tranquillité dans le quartier de la Grand'Anse par tous les moyens qu'il jugerait convenables.*

Quand, en 1831, on pendit vingt-six esclaves sur la dénonciation de l'un d'eux qui s'était déclaré leur complice, celui-ci, qui s'attendait à de grandes récompenses, obtint l'insigne faveur de n'avoir point à survivre au service qu'il prétendait avoir rendu à la colonie, se targuant d'avoir soustrait la classe blanche au massacre, à l'incendie ; on le pendit peu de jours après les autres. On n'avait pu alors trouver un moyen d'envelopper des hommes de couleur dans cette conspiration.

Aujourd'hui, l'exécution de ceux qui sont condamnés, sous le prétexte de la prise d'armes qualifiée *insurrection de la Grand'Anse,* serait plus qu'une injustice, ce serait un assassinat. Quant à l'injustice, elle est déjà consommée par la ruine de tous les malheureux qui sont emprisonnés depuis huit mois ; elle est écrite dans votre verbeuse accusation, acte laborieusement enfanté par un magistrat dont la partialité s'est fait connaître en maintes circonstances.

Cette injustice se trouve dans la demande de mise en accusation de cent soixante-treize individus ; dans l'arresta-

---

de cent, restèrent privés de subsistance depuis le matin jusqu'à onze heures du soir ; et ce n'est qu'à cette heure que M. de Montigny réussit à obtenir d'un habitant éloigné de la Grand'Anse, quelques morues et un peu de farine, qui furent distribuées aux prisonniers.

Renvoyé après la dissolution du camp Bonnafon, par ordre du gouverneur, M. Télèphe n'a pu être témoin des violences exercées sur ces prisonniers ; mais avant de partir, il crut devoir rappeler au gouverneur la promesse d'amnistie faite en son nom par le capitaine Montigny.

tion du malheureux Joseph Albert, qui fut blessé par les balles de vos sbires ; dans l'incrimination de la correspondance privée de Léonce, et dans la non-constatation des crimes commis par une soldatesque effrénée.

Laubardemont disait qu'il lui suffisait de trois lignes d'écriture pour faire pendre un innocent. Vous, vous avez isolé les phrases de quelques lettres écrites en 1824, pour demander la tête d'un homme dont l'indépendance portait ombrage à l'oligarchie coloniale.

C'est par ce procédé machiavélique que l'illustre Sidney a été condamné, sous la restauration de Charles II, à la peine capitale. Mais voyez quel jugement en a porté l'histoire ! Les Jefferies coloniaux ne redoutent-ils pas une semblable réprobation ?....

Si on vous eût accordé la tête de Léonce, eussiez-vous eu le courage de la faire tomber ?

J'ai dit que l'exécution des prétendus insurgés serait un assassinat ; et, en effet, vous n'aviez pas le droit de les mettre en accusation et de les faire condamner par un tribunal récusable aux yeux de Dieu et des hommes ; ces inculpés s'étaient rendus en vertu d'une promesse d'amnistie, qui, dans tous les temps, fut sacrée pour les gens d'honneur.

Que si vous avez abjuré ce caractère d'impartialité qui doit être l'attribut du magistrat, que si vous avez foulé aux pieds cette amnistie solennellement promise, on ne concevrait pas même encore qu'un magistrat européen pût descendre à servir les passions coloniales au point de demander cent soixante-treize têtes. Ceux que vous traitez de brigands n'ont fait dans leur irritation aucune violence à ceux-là mêmes qui se proclament leurs ennemis ; et cependant, trois jours, ils sont restés maîtres de la commune, ils ont rencontré leurs persécuteurs isolés, et quelquefois sans armes, et je ne sache pas qu'on leur ait arraché un cheveu.

Mais depuis que ces malheureux ont déposé les armes, depuis qu'ils succombent sous le poids de vos chaînes, vous les abreuvez d'outrages, vous les traitez de *lâches*. Eh bien ! dans quel code avez-vous lu, vous, interprètes des lois, qu'il fallût punir de mort celui qui, par *lâcheté*, n'a pas voulu répandre le sang de son semblable? Répondez-moi !

Il est vrai que, plus tard, les vôtres ont prouvé qu'ils étaient des braves en massacrant un vieillard, des femmes et des enfans, en fusillant un jeune homme qui fuyait, et en dirigeant des feux de peloton sur des malheureux prisonniers ; mais loin d'ambitionner ce courage homicide, je le proclame un crime que les lois doivent punir, et que votre devoir, comme magistrat, vous imposait l'obligation de poursuivre.

Le cri de détresse que je jette a pour véhicule l'amour de mon pays;il émane d'une conscience pure d'intentions hostiles. Je ne veux pas de mal à mes ennemis, à ceux-là mêmes qui viennent de juger, d'une si étrange façon, les accusés de la Grand'Anse. Ces juges, si on peut les appeler ainsi, sont les mêmes qui ont condamné, en 1824, Volny, Bissette et Fabien aux galères à perpétuité et à la marque, parce qu'ils étaient *véhémentement soupçonnés* d'avoir composé une innocente brochure. Ainsi quand ces mêmes juges condamnent à mort ceux de mes compatriotes qui ont voulu repousser par la force une aggression armée, et donnent aux colons agresseurs un bill d'impunité, il n'y a rien qui doive m'étonner. Je sais par expérience, par les odieuses persécutions dont ils m'ont abreuvé, moi et toute ma famille, ce dont ils sont capables envers mes infortunés frères, plus à plaindre qu'à blâmer d'être tombés dans le piége tendu à leur bonne foi.

Des malheureux, frappés par d'impitoyables condamnations, ont droit à l'appui de tous les amis de l'humanité. « *Quand il pleut sur l'un de nous, les égoûts rejaillissent sur tous les autres* », a dit un de ces condamnés, et il a dit une vérité, car il existe une solidarité naturelle entre tous les hommes pour le maintien de leurs droits. Aussi une iniquité commise sur une terre lointaine, habitée par des Français; une iniquité commise au nom du roi et de la loi, doit soulever de nombreux anathêmes au sein de la France, cette métropole de la civilisation et de la liberté. Que tous les hommes de bien, à quelque opinion qu'ils appartiennent, me prêtent leur concours, et daignent m'être en aide auprès du pouvoir réparateur des maux qui désolent mon pays!

FABIEN,

Mandataire des hommes de couleur de
la Martinique.

Nota. L'institution du jury étant encore inconnue aux colonies, quatre assesseurs et trois conseillers blancs, MM. Périnelle, Lucy et Duclary, ont prononcé l'épouvantable arrêt qui condamne tous les habitans de couleur d'une commune. La politique, l'humanité, les lois de 1833 veulent que les hommes de couleur soient assesseurs, et cependant pas un seul n'a été appelé à juger l'affaire de la Grand'Anse; il est vrai qu'ils étaient tous *véhémentement soupçonnés*, puisque le lieutenant Télèphe lui-même était suspecté à tel point que le procureur du roi s'est permis d'intercepter ses lettres et de les décacheter. — Ces mêmes conseillers qui ont rendu les odieux arrêts de 1824 et 1834 étant connus dans le pays et au ministère de la marine pour être opposés aux améliorations que désire le gouvernement, on se demande alors comment il se fait que ces conseillers amovibles soient encore chargés de rendre la justice au nom du roi des Français.

MM. Ad. Gatine et Crémieux, si dignes de la confiance qu'ils inspirent, sont chargés de soutenir le pourvoi en cassation des infortunés de la Grand'Anse.